Analyse d'œuvre

Rédig

Le Silence de la mer

de Vercors

JEAN BRULLER, DIT VERCORS — 5

LE SILENCE DE LA MER — 6

LA VIE DE VERCORS — 7
Une solide réputation de dessinateur
Littérature et Résistance
Un écrivain humaniste et engagé

RÉSUMÉ DU *SILENCE DE LA MER* — 11
Un étranger dans la maison
La France littéraire et l'Allemagne musicale
La fin des illusions

L'ŒUVRE EN CONTEXTE — 15
La France et le régime de Vichy
Vivre à l'heure allemande
La littérature française sous l'Occupation

ANALYSE DES PERSONNAGES — 20
Werner von Ebrennac
La nièce
L'oncle

ANALYSE DES THÉMATIQUES — 23
Le silence
Un amour impossible
La circulation des livres en temps de guerre
Un appel à la Résistance

STYLE ET ÉCRITURE 31

Un récit bref

Dépouillement et symbolisme

Un narrateur interne

Une écriture influencée par la technique du dessin

La vie réelle comme source d'inspiration

LA RÉCEPTION DU *SILENCE DE LA MER* 37

Qui est Vercors ?

Œuvre de résistance ou de propagande ?

Une nouvelle qui traverse les frontières

La transposition à l'écran

BIBLIOGRAPHIE 42

JEAN BRULLER, DIT VERCORS

- Né en 1902 à Paris.
- Mort en 1991 dans la même ville.
- **Quelques-unes de ses œuvres :**
  - *Le Silence de la mer* (nouvelle, 1942)
  - *Les Animaux dénaturés* (roman, 1952)
  - *La Bataille du silence* (autobiographie, 1967)

Symbole important de la Résistance française durant la Seconde Guerre mondiale (1939-1945), Jean Bruller, dit Vercors, est l'un des artistes engagés les plus connus du XXe siècle. Né à Paris en 1902, il se forge d'abord une solide réputation de dessinateur avant d'entrer en littérature en 1941, lorsqu'il crée avec son ami Pierre de Lescure (1891-1963) les fameuses Éditions de Minuit. *Le Silence de la mer* (1942) est la première nouvelle qu'il publie au nez de l'ennemi et dans la clandestinité la plus totale.

Après la Libération (1944-1945), il poursuit une carrière d'humaniste critique, étudiant à travers ses œuvres l'être humain et ses spécificités. Chargé d'établir une liste noire d'écrivains collaborateurs durant le conflit, il renvoie finalement chacun au jugement de sa conscience, avant de s'engager contre les guerres d'Algérie (1954-1962) et du Viêt Nam (1954-1975). Célèbre pour avoir refusé la Légion d'honneur, Vercors s'éteint dans sa ville natale à l'âge de 89 ans.

LE SILENCE DE LA MER

- **Genre :** nouvelle.
- **Première édition :** en février 1942.
- **Édition de référence :** *Le Silence de la mer*, Paris, Le Livre de Poche, 1994.
- **Personnages principaux :**
  - Werner von Ebrennac, officier allemand.
  - La nièce, patriote française.
  - L'oncle, patriote français.
- **Thématiques principales :** la Seconde Guerre mondiale, la Résistance, l'Occupation allemande, le silence, l'amour, la culture.

Publié en février 1942 aux Éditions de Minuit, inspiré de faits réels, *Le Silence de la mer* connaît dès sa parution un énorme retentissement en raison du message patriotique qu'il délivre dans le contexte troublé de la Seconde Guerre mondiale. Signée Vercors, nom d'emprunt adopté par Jean Bruller lors de son entrée dans la Résistance, la nouvelle est dédiée à Saint-Pol-Roux (1861-1940), un poète français mort en 1940 suite aux exactions d'un soldat allemand.

Dans le récit, Werner von Ebrennac, un officier de la *Wehrmacht* (l'armée allemande), réquisitionne une chambre dans la maison d'une famille française. Poli, raffiné, musicien et lettré, amoureux de la France, il rêve d'une union florissante entre les deux pays en guerre. Mais il est confronté au silence obstiné de ses hôtes, un oncle et sa nièce, qui expriment leur patriotisme par leur mutisme. Véritable best-seller mondial, l'œuvre attire les metteurs en scène : elle est notamment adaptée à l'écran par Jean-Pierre Melville en 1949, puis par Pierre Boutron en 2004.

LA VIE DE VERCORS

UNE SOLIDE RÉPUTATION DE DESSINATEUR

Jean Bruller, dit Vercors, voit le jour le 26 février 1902 à Paris. Il est le deuxième enfant d'Ernestine Bourbon, une institutrice, et de Louis Bruller, un éditeur de romans populaires. D'origine hongroise, Louis Bruller aime profondément la France, qu'il considère comme le pays de la justice et de la liberté. Il transmet donc cet esprit patriote à son fils.

Jean Bruller fait sa scolarité à l'école alsacienne de Paris, où il passe son bac en 1919, puis il se lance dans des études d'ingénieur électricien à l'école Breguet, toujours dans la capitale française. Cependant, une fois diplômé, en 1922, il ne cherche pas à entrer dans l'industrie, car son objectif est en réalité ailleurs : il souhaite se consacrer à ses passions, le dessin et la gravure. Son diplôme d'ingénieur n'a de valeur à ses yeux qu'en tant que garantie contre l'instabilité et la précarité de la condition d'artiste.

C'est ainsi que, dès 1923, Jean Bruller crée sa propre revue humoristique, qu'il appelle *L'Ingénu*, en hommage à l'œuvre éponyme de Voltaire (1694-1778). En 1924, il part effectuer son service militaire en Tunisie, puis, à son retour, en 1926, il publie son premier album, *21 recettes de mort violente*, une plaidoirie ironique pour le suicide qui marque le véritable début de sa carrière de dessinateur. Ses dessins rencontrent un grand succès, ce qui lui ouvre des portes, notamment celles des grands éditeurs d'art.

Par la suite, l'humoriste désinvolte qu'est Jean Bruller dans les *21 recettes de mort violente* se transforme peu à peu, sur une dizaine d'années, en un dessinateur inquiet, conférant à son œuvre une dimension sociale. Ainsi, en 1927, dans son deuxième album, *Hypothèses sur les amateurs de peinture à l'état latent*, Bruller émet l'idée que l'inconscient humain peut réagir ou non face à une œuvre d'art en fonction des nombreuses tendances qui le composent, ce qui indique une prise de conscience de la complexité du caractère humain. Dans *Un homme coupé en tranches* (1929), il produit une analyse psychologique des divers comportements d'un homme vu par plusieurs personnes de son entourage. Entre 1932 et 1938, dans *La Danse des vivants*, un recueil de dessins parus périodiquement sous la forme de *Relevés trimestriels*, il observe la vie humaine au quotidien, se faisant l'écho, malgré son refus de s'engager politiquement, de certains événements de son époque, comme le réarmement progressif ou la montée du fascisme en Italie.

LITTÉRATURE ET RÉSISTANCE

Au moment où son art atteint son plus haut degré de perfection, Jean Bruller abandonne le dessin pour se lancer dans l'écriture. Sans doute ne parvient-il plus, en tant que dessinateur, à exprimer l'injustice qu'il souhaite crier. Au début de la Seconde Guerre mondiale, en 1939, il est mobilisé comme officier de réserve dans les Alpes. Il quitte sa compagne, Jeanne Barrusseaud, qu'il a épousée en 1931 et avec laquelle il s'est installé à Villiers-sur-Morin, un village en Seine-et-Marne, ainsi que ses deux premiers fils, François et Jean-Louis, nés en 1934.

Bruller est ensuite envoyé dans les Ardennes. Mais, au cours de manœuvres, il se casse la jambe, ce qui l'oblige à rester à l'écart des combats. Il est envoyé en convalescence à Romans, sous le massif du Vercors. La victoire de l'Allemagne nazie est pour lui un véritable choc : démobilisé après l'Armistice, il rentre dans son village en prenant la décision de ne rien publier sous l'Occupation allemande et trouve un emploi de menuisier pour subvenir aux besoins de sa famille.

Mais son silence n'est finalement que de courte durée. Jean Bruller reprend en effet la plume en 1941, lorsque Pierre de Lescure, l'un de ses amis écrivains, lui propose de collaborer à *La Pensée libre*, une revue clandestine française. Par ce geste, il entre dans la Résistance. Au cours de l'été 1941, il écrit *Le Silence de la mer*, une nouvelle qu'il destine à être publiée dans les pages de la revue. Mais, entre-temps, la Gestapo découvre *La Pensée libre* et met un terme à sa publication. Dès lors, afin de poursuivre leur lutte et de faire perdurer la culture française, Bruller et de Lescure décident de fonder ensemble une véritable maison d'édition clandestine : les Éditions de Minuit.

Le Silence de la mer paraît dans cette nouvelle structure éditoriale le 20 février 1942. La nouvelle, hautement symbolique, rencontre un succès exceptionnel et est signée du pseudonyme Vercors, qui restera le nom littéraire de Jean Bruller. Durant la guerre, Vercors écrit encore d'autres textes poignants : parmi ceux-ci, on compte *Ce jour-là* (1943), *La Marche à l'Étoile* (1943), *L'Impuissance* (1944) et *Le Songe* (1944), qui évoque l'horreur des camps de concentration. Au cours de l'année 1944 naît également le troisième fils de l'écrivain, Bertrand.

UN ÉCRIVAIN HUMANISTE ET ENGAGÉ

À la Libération, en 1945, Vercors apparaît comme un symbole de la résistance intellectuelle. En tant que membre du Comité national des écrivains, un organe de résistance littéraire, il fait partie de la Commission d'épuration de l'édition chargée de sanctionner les intellectuels ayant collaboré avec l'ennemi. Il en démissionne toutefois, jugeant que les écrivains sont trop sévèrement punis, tandis que les éditeurs s'en tirent à bon compte. Par la même occasion, il refuse de participer à l'élaboration d'une liste noire, renvoyant les auteurs au jugement de leur propre conscience.

Même si la guerre est terminée, Vercors semble toujours ressentir la même angoisse et se poser les mêmes questions : pourquoi tant de crimes ? Pour chercher une réponse à cette question qui l'obsède, il écrit *Les Armes de la nuit* (1946), un récit dans lequel il réfléchit à la qualité d'homme, et qui constitue le prélude de sa future carrière d'humaniste critique. En 1948, il quitte les Éditions de Minuit et se sépare de sa femme. Durant la même année, il rencontre Rita Barisse, qui deviendra sa seconde épouse et traduira vers l'anglais certains de ses ouvrages.

Vercors atteint sa maturité d'écrivain avec *Les Animaux dénaturés*, un roman publié en 1952. Il s'agit d'une œuvre philosophique et humaniste dans laquelle il pose les problèmes du racisme et de la limite entre l'homme et l'animal. Dans la même veine, il publie également, en 1961, *Sylva*, un conte dans lequel il analyse le processus d'humanisation en traçant notamment l'histoire d'une jeune renarde qui se transforme en femme.

Notons enfin que, jusqu'à sa mort, Vercors se présente comme un auteur fermement engagé sur le plan politique. Ainsi, en 1960, il fait partie avec André Breton (1896-1966), Nathalie Sarraute (1900-1999), Jean-Paul Sartre (1905-1980), Marguerite Duras (1914-1996) et Françoise Sagan (1935-2004) pour ne citer qu'eux, des signataires du Manifeste des 121 écrivains, artistes et intellectuels qui déclarent le droit à l'insoumission dans la guerre d'Algérie (droit de refuser de prendre les armes contre les Algériens). Il refuse également la Légion d'honneur pour protester contre la torture pratiquée en territoire algérien et, en 1967, il s'oppose ouvertement à la guerre du Viêt Nam.

Jean Bruller, dit Vercors, décède le 10 juin 1991 à Paris. En 1992, une plaque à sa mémoire – et à celle des Éditions de Minuit – est inaugurée sur le pont des Arts, en souvenir des ouvrages clandestins qui s'échangeaient en ce lieu du temps de l'Occupation.

RÉSUMÉ DU *SILENCE DE LA MER*

UN ÉTRANGER DANS LA MAISON

L'action se situe au début de l'Occupation allemande en France, dans le cadre de la Seconde Guerre mondiale. Werner von Ebrennac, un officier allemand, réquisitionne une chambre dans une maison française habitée par un vieil homme et sa nièce. Son arrivée est précédée de celle de plusieurs soldats, dont trois cavaliers, qui s'installent dans les dépendances de la propriété.

Werner von Ebrennac paraît pour la première fois chez ses hôtes un soir de novembre 1941. C'est la nièce qui va lui ouvrir la porte, sans toutefois lui accorder le moindre regard, tandis que le narrateur, l'oncle, ne se lève pas de son fauteuil. L'officier, en uniforme, se présente comme un homme grand et mince, doté d'un beau visage et de cheveux blonds. Il a une jambe raide, ce qui rend la résonnance de ses pas alternativement forte et faible. En entrant, il se décoiffe et présente ses excuses, se disant désolé de déranger la vie de la maison. Naturellement souriant, il s'exprime dans un français correct et fait preuve d'une grande politesse.

Cependant, malgré ses efforts et les bonnes manières dont il fait preuve, il se retrouve confronté au mutisme de ses hôtes qui perdurera jusqu'à son départ : ceux-ci gardent le silence en sa présence afin d'exprimer leur résistance face à l'envahisseur et de conserver leur dignité dans la situation qui leur est imposée. D'un accord tacite, ils décident également que la présence de l'ennemi sous leur toit ne doit en rien changer leur vie. Mais Werner von Ebrennac ne s'en offusque pas ; au contraire, il exprime toute son estime pour les personnes qui aiment leur patrie. Ainsi, pendant plus d'un mois, il passe chaque jour les saluer et leur dire quelques mots à propos du temps ou de la température, sans jamais attendre de réponse en retour. Il semble apprécier la maison et ne peut s'empêcher d'observer à la dérobée la jeune fille, toujours occupée à coudre ou à tricoter. Petit à petit, cela devient une habitude, et l'oncle, bien malgré lui, finit par se surprendre à guetter le pas inégal de l'officier lorsque celui-ci ne se présente pas à l'heure habituelle.

LA FRANCE LITTÉRAIRE ET L'ALLEMAGNE MUSICALE

Un soir d'hiver particulièrement glacial, tandis que tombe une neige fine mêlée de pluie, Werner apparaît pour la première fois en civil, sans doute pour ne pas prendre froid dans un uniforme mouillé, mais aussi, peut-être, pour faire oublier sa condition de soldat ennemi. Tout en se chauffant auprès du feu, il parle de son amour pour la France et de son métier de compositeur. La lourdeur du silence que ses hôtes persistent à lui opposer ne semble pas le décourager : suite à cela, sous prétexte de venir se réchauffer auprès des flammes, il prend d'ailleurs pour coutume de passer chaque soir, en vêtements civils, monologuer à propos de la France, de son pays ou de la musique. Profondément cultivé, il exprime au cours de l'une de ces soirées son admiration pour les écrivains français tels Corneille (1606-1684), Molière (1622-1673), Voltaire, Balzac (1799-1850), Hugo (1802-1885), Flaubert (1821-1880) ou encore Baudelaire (1821-1867), et il accorde la supériorité à la France en termes de maîtrise littéraire. Puis il cite Bach (1685-1750), Haendel (1685-1759), Mozart (1756-1791), Beethoven (1770-1827) et Wagner (1813-1883), vantant le don de l'Allemagne pour la musique, et déplorant qu'une guerre ait déchiré les deux pays.

Werner von Ebrennac souhaite de tout son cœur un mariage entre l'Allemagne et la France, une union solide qui, selon lui, permettrait à chacun de gagner en grandeur. Il exprime ce vœu auprès de ses hôtes en évoquant le conte de *La Belle et la Bête* dans lequel la Belle, fière, digne mais prisonnière, finit par tendre la main à son geôlier maladroit et brutal, parce qu'elle perçoit chez lui une volonté de s'élever. Von Ebrennac lui-même s'identifie avec émotion à la Bête, peu de temps après avoir affirmé, en fixant le profil fermé de la nièce, vouloir être accueilli par la France, y vivre après la guerre et s'unir à elle dans un amour partagé. Il ne se doute pas, au moment où il confie cela, qu'il se berce d'illusions teintées d'humanisme, alors que les ambitions des dirigeants de la guerre sont toutes autres.

LA FIN DES ILLUSIONS

Au retour du printemps, après avoir lu à voix haute l'Angus de *Macbeth* (vers 1605) – ce qui peut paraître prémonitoire –, il annonce à ses hôtes qu'il compte se rendre à Paris pour deux semaines. Il se réjouit de ce voyage qui doit lui permettre, selon ses dires, de revoir des amis chargés des négociations entre la France et l'Allemagne. Cependant, à son retour, il semble éviter les habitants de la maison qui ne peuvent s'empêcher de s'en inquiéter. Lorsque l'oncle finit par le croiser en se rendant à la Kommandantur (commanderie ou état-major allemand) pour une déclaration quelconque, il le trouve très pâle, mais n'en parle pas à sa nièce. Trois jours plus tard, l'officier finit enfin par frapper à la porte de la salle de séjour de ses hôtes, sans entrer comme il le fait d'habitude. L'oncle, hésitant, lui adresse alors pour la première fois la parole, en l'invitant à pénétrer dans la pièce.

Pour cette dernière visite, Werner apparaît en uniforme, raide et silencieux, le visage froid. Mais, s'il semble impassible, ses émotions sont trahies par l'une de ses mains qui se crispe convulsivement. Au prix d'un effort douloureux, il annonce d'une voix sourde qu'il faut oublier tout ce qu'il a dit au cours des soirées d'hiver. À ce moment, la nièce lève pour la première fois ses yeux sur lui, elle qui, malgré le trouble apparent qu'elle ressentait en sa présence, n'avait jamais daigné lui accorder un seul regard. Toujours avec la même gravité, il poursuit son discours en expliquant qu'à Paris ses amis ont ri de lui et de ses rêves de poète, car leur objectif n'est autre que la destruction de la France. Désespéré, l'officier annonce son départ volontaire pour le front russe, où il sait que les conditions de vie sont extrêmes. L'oncle se montre attristé par la soumission d'un homme tel que Werner, tandis que la nièce pâlit subitement en comprenant ce que signifie une telle décision ; et quand le soldat, en la regardant intensément, murmure un adieu à son adresse, elle finit par lui répondre, d'une voix faible, ce même mot. Werner von Ebrennac quitte la maison le lendemain, avant le réveil de ses hôtes.

Une nouvelle dédiée à Saint-Pol-Roux

Vercors dédie *Le Silence de la mer* à Saint-Pol-Roux, qu'il qualifie de « poète assassiné ». Ce dernier est un poète symboliste français relativement méconnu, mais salué comme un précurseur du surréalisme.

En juin 1940, un soldat allemand investit son manoir en Bretagne, tuant sa gouvernante et blessant grièvement sa fille Divine d'une balle de revolver. Saint-Pol-Roux est également touché et doit être hospitalisé à Brest. À son retour, il retrouve son manoir pillé et ses manuscrits détruits. Profondément choqué, il ne survit que quatre mois à ce désastre et s'éteint le 18 octobre 1940.

L'ŒUVRE EN CONTEXTE

LA FRANCE ET LE RÉGIME DE VICHY

Le Silence de la mer est une nouvelle engagée qui est publiée dans le contexte troublé de la Seconde Guerre mondiale et de l'occupation de la France par l'Allemagne hitlérienne. Cette occupation est la conséquence de la débâcle de l'armée française face aux troupes du IIIe Reich dans ce qu'on appelle la drôle de guerre (septembre 1939-juin 1940). Le 22 juin 1940, les Français, acculés, signent en effet une convention d'armistice dont les conditions sont majoritairement dictées par Hitler (1889-1945), afin de mettre un terme aux combats.

Victorieuse, l'Allemagne, qui occupe le Nord et l'Ouest du territoire national français, puis la totalité de celui-ci à partir de novembre 1942, décide de laisser l'administration française sous l'autorité d'un gouvernement français basé à Vichy, dans l'Allier. Le maréchal Philippe Pétain (1856-1951), héros de la Première Guerre mondiale (1914-1918), est placé à la tête de ce nouveau régime, désormais appelé État français (juillet 1940-août 1944). Dès juin 1940, il met en œuvre une politique de collaboration avec les nazis et manifeste sa volonté de redresser la France par le biais d'une Révolution nationale fondée sur les notions du travail, de la famille et de la patrie.

Cependant, tous les Français ne voient pas d'un bon œil cette convention d'armistice, qui livre en quelque sorte la France au Reich allemand. Malgré la politique répressive du régime, des mouvements et réseaux clandestins se mettent progressivement en place. Dans le fameux appel du 18 juin 1940 diffusé sur les ondes de la BBC, le général Charles de Gaulle (1890-1970), partisan de la poursuite de la guerre, encourage le peuple français à organiser la Résistance afin de lutter contre l'envahisseur allemand et la collaboration. Ainsi, au péril de leur vie, les résistants mènent des actions de renseignement et de sabotage, ainsi que des opérations militaires. Ils mettent également en place des filières d'évasion, distribuent des tracts, créent des faux papiers, etc.

Appel du 18 juin.

VIVRE À L'HEURE ALLEMANDE

La convention d'armistice du 22 juin 1940 impose à la France de collaborer avec l'Allemagne nazie et la soumet à de lourdes contraintes. Les Français doivent pourvoir à l'entretien de l'armée allemande d'occupation. Très vite, de fortes pénuries se font ressentir : la nourriture, entre autres, vient à manquer, et, pour faire face à ce problème, le Gouvernement de Vichy met en place une politique de rationnement. La France doit également contribuer à l'effort de guerre allemand via la collaboration de son industrie militaire. En février 1943, à la demande d'Hitler, Vichy met en place le Service du travail obligatoire qui force des milliers de travailleurs français à se rendre en Allemagne contre leur gré.

Une politique de répression extrêmement sévère est mise en place par l'occupant, mais aussi par le régime de Vichy lui-même qui met du zèle à arrêter puis à éliminer les communistes, les résistants et les francs-maçons grâce à l'instauration de juridictions exceptionnelles. Les libertés publiques sont également restreintes ; un couvre-feu est instauré pour limiter les activités clandestines et un important service de censure est établi. En ce qui concerne la question des Juifs, Vichy s'aligne sur l'Allemagne : des lois antisémites sont votées et des mesures discriminatoires sont prises. La police française va jusqu'à apporter son soutien aux Allemands dans l'organisation des rafles et, à partir de 1943, une formation paramilitaire composée de Français, la Milice, vient suppléer la Gestapo allemande.

LA LITTÉRATURE FRANÇAISE SOUS L'OCCUPATION

Suite à la débâcle de juin 1940, la France est en proie à une véritable crise identitaire. Dans ce contexte, la littérature représente un enjeu important pour les différentes forces en présence. Les Allemands incitent les écrivains et les éditeurs à prendre part à des actions de propagande, à légitimer une collaboration franco-allemande, en leur promettant un grand profit financier. De même, le régime de Vichy les encourage à propager l'idéologie de la Révolution nationale. Une double censure est mise en place, nazie et vichyste, et la distribution du papier est strictement contrôlée. Les autorités allemandes publient aussi une liste « Otto » (du prénom de l'ambassadeur d'Hitler à Paris, responsable de la vie culturelle en zone occupée, Otto Abetz, 1903-1958) d'ouvrages interdits, tandis que les instances de consécration littéraires officielles, comme les prix Goncourt et Renaudot, s'ajustent avec les valeurs prônées par Pétain et le IIIe Reich.

En tant que personnage public, l'écrivain est obligatoirement appelé à se positionner. À cette époque, et sans avoir le recul que nous avons aujourd'hui, ce n'est pas simple. En effet, l'ennemi montre, au début, un visage souriant à la France et donne l'impression d'être un occupant compréhensif. Il faut aussi prendre en compte le fait que de nombreux auteurs vivent de leur plume et peuvent difficilement se passer des rentrées financières que leur procure la publication de leurs livres. Certains écrivains collaborent ouvertement avec l'Allemagne : c'est par exemple le cas de Charles Maurras (1868-1952), de Pierre Drieu La Rochelle (1893-1945), de Louis Ferdinand Céline (1894-1961) et de Robert Brasillach (1909-1945), qui se montre publiquement antisémite et pronazi et sera fusillé à la Libération pour crime d'intelligence avec l'ennemi. D'autres, comme le pacifiste Jean Giono (1895-1970), s'accommodent plus ou moins de la situation et se cantonnent dans une « zone grise ». Enfin, plusieurs auteurs prennent la décision de résister par le silence, comme Vercors au début de la guerre, ou de publier dans la clandestinité.

Ainsi, parmi les écrivains qui prennent la plume pour résister, on retrouve Jean Paulhan (1884-1968) et Jacques Decour (1910-1942) qui fondent en 1941 la revue clandestine *Les Lettres françaises*. Arrêté par les Allemands, Decour sera fusillé en 1942 au fort du Mont-Valérien. En 1941, toujours, les Éditions de Minuit sont fondées par Pierre de Lescure et Vercors. Et, en 1942, Paul Éluard (1895-1952), auteur surréaliste, écrit le fameux poème « Liberté » qui sera parachuté à des milliers d'exemplaires par des avions britanniques au-dessus du territoire français. En outre, la guerre fait de nombreuses victimes chez les écrivains, qu'ils soient résistants ou non : Irène Némirovsky (1903-1942), par exemple, meurt à Auschwitz à cause de son appartenance au judaïsme.

Les Éditions de Minuit

Créées dans la clandestinité par Vercors et Pierre de Lescure en 1941, les Éditions de Minuit publient une vingtaine de titres au cours de la Seconde Guerre mondiale. Leur première publication est *Le Silence de la mer* de Vercors. Paraissent ensuite, entre autres, *Chroniques interdites* (recueil collectif, avril 1943), *L'Honneur des poètes* (ouvrage rassemblant des poèmes recueillis par Paul Éluard, juillet 1943), *Le Cahier noir* (août 1943) de François Mauriac (1885-1970) et *Le Musée Grévin* (septembre 1943) de Louis Aragon (1897-1982). Pour donner son nom à la maison, Vercors s'inspire notamment du titre d'un roman de Georges Duhamel (1884-1966), *Confession de minuit*.

À la fin de la guerre, un nouveau directeur, Jérôme Lindon (1925-2001), reprend la société. Dans les années cinquante, les Éditions de Minuit publient des auteurs du Nouveau Roman tels que Nathalie Sarraute, Samuel Beckett (1906-1989), Claude Simon (1913-2005), Alain Robbe-Grillet (1922-2008), et Michel Butor (né en 1926). Aujourd'hui encore, elles rassemblent un catalogue prestigieux d'écrivains, dont Jean-Philippe Toussaint (né en 1957), Jean Echenoz (né en 1947) ou Laurent Mauvignier (né en 1967).

ANALYSE DES PERSONNAGES

WERNER VON EBRENNAC

Officier de l'armée allemande, Werner von Ebrennac est très grand et très mince. Il est doté d'épaules et de hanches impressionnantes, tandis que sa tête est légèrement penchée en avant, ce qui lui donne une apparence voûtée. Son visage est beau, viril, avec des yeux dorés, des dents blanches et un nez proéminent mais mince. Il a également une jambe raide qui rend son pas traînant. Le narrateur le compare à l'acteur français Louis Jouvet (1887-1951).

Werner von Ebrennac se présente comme un homme extrêmement poli et avenant. Il a beaucoup de respect pour le silence et le patriotisme de ses hôtes, dont il apprécie l'attitude digne. Passionné de musique, il est compositeur dans la vie civile. Il a une voix assez sourde, un peu timbrée, et il s'exprime dans un français très correct, avec un léger accent qui est marqué sur les consonnes dures. Très cultivé, il possède une excellente connaissance de la littérature française, dont il maîtrise tous les classiques. Il aime profondément la France, mais il n'a pu la visiter avant la guerre, car son père, grand patriote, lui a fait promettre sur son lit de mort de ne jamais s'y rendre avant de pouvoir y pénétrer botté et casqué.

Idéaliste et rêveur, l'officier a une âme d'artiste. Il souhaite de tout son cœur un mariage entre la France et l'Allemagne, pensant qu'une telle union pourrait guérir son pays de ses démons violents. Par de longs monologues passionnés, mais sans jamais faire preuve de brusquerie, il essaie donc de vaincre le silence de ses hôtes, de les faire adhérer à ses idées. Il éprouve également un profond sentiment amoureux pour la nièce du narrateur : il aspire à être accueilli par la France et espère y vivre une fois la guerre terminée.

Lorsque, à la fin de la nouvelle, il comprend qu'il s'est trompé et que les ambitions de ses compatriotes sont avant tout destructrices, il se retrouve plongé dans un profond désespoir. Mais, malgré sa souffrance, il reste un homme de devoir, respectueux de ses engagements vis-à-vis de son pays, et, au lieu de déserter ou de s'adonner à la barbarie, il choisit de partir mourir sur le front russe.

LA NIÈCE

La nièce du narrateur, dont on ne connaît pas le prénom, est une jeune fille aux beaux yeux clairs et à la nuque frêle et pâle. Elle a des cheveux de couleur acajou qu'elle coiffe en torsades. Comme Werner von Ebrennac, elle est musicienne, mais elle refuse de jouer de la musique tant que l'ennemi vit sous son toit. Fière et digne, elle se montre silencieuse et fermée en présence de l'officier à qui elle prend soin de ne pas accorder un seul regard. Cependant, si elle ressent d'abord une haine froide pour l'occupant, l'émotion la gagne ensuite peu à peu. En effet, malgré son apparente fixité inhumaine, elle semble être attirée par le soldat allemand, car elle se montre nerveuse, troublée en sa présence : lorsque Werner von Ebrennac pose les yeux sur elle, elle ne peut s'empêcher de rougir, de plier les sourcils ou de trembler au niveau des doigts.

Elle ne lève les yeux vers l'officier qu'à la fin de la nouvelle, lorsque celui-ci confesse son erreur de jugement et fait part de son désespoir. Elle ne peut s'empêcher de manifester sa douleur quand Werner annonce son départ pour le front russe, ce qui semble, encore une fois, prouver son affection pour lui : sa pâleur fait de la peine à son oncle et des gouttes de sueur perlent sur son front. Néanmoins, elle ne cède jamais complètement à ses sentiments, et, jusqu'au bout, son attitude reste digne.

L'ONCLE

L'oncle est le narrateur de la nouvelle : c'est à travers ses yeux que l'histoire est racontée. On ne connaît ni son nom ni son apparence physique, et l'histoire de sa vie n'est pas développée. On sait juste qu'il s'agit d'un vieil homme digne qui, comme sa nièce, choisit de se taire face à l'officier allemand. Mais il semble éprouver un certain attachement pour Werner, qui occupe souvent ses pensées et dont il ne peut s'empêcher de guetter les pas dans la maison. Aussi ressent-il un certain tiraillement entre son patriotisme et son admiration pour le soldat, en qui il reconnaît un homme supérieur, courtois, cultivé et passionné. Il envisage d'ailleurs, un moment, de lui adresser la parole, mais il se ravise vite face à la réaction indignée de sa nièce. À la fin de la nouvelle, cependant, c'est lui qui, le premier, prend l'initiative de rompre le silence pour inviter l'officier à entrer dans la pièce où il se trouve.

ANALYSE DES THÉMATIQUES

LE SILENCE

Le silence comme lieu de dignité

Le thème du silence est d'une importance capitale dans la nouvelle de Vercors. On dénombre en effet pas moins de 27 occurrences du terme « silence » dans ce récit d'une trentaine de pages. Face à l'ennemi qui s'invite jusque sous leur toit, la nièce et l'oncle choisissent de se taire. Ce mutisme peut être considéré comme une forme de résistance, comme une manière pour les personnages d'exprimer leur patriotisme et de conserver leur dignité face à la situation qui leur est imposée.

La maison qui sert de cadre à l'action semble elle-même imprégnée d'un profond silence. Même en dehors de la présence de l'officier, il semble n'y avoir que très peu de dialogues entre la nièce et son oncle qui passent pourtant le plus clair de leur temps ensemble, dans la même pièce. La nièce possède un harmonium, mais elle refuse de jouer de la musique tant qu'un soldat allemand vit sous son toit. Les occupations des personnages sont également silencieuses : le vieil homme fume sa pipe et lit, tandis que la jeune fille s'adonne à la couture ou au tricot.

Au moyen d'une description imagée, Vercors donne une matérialité au silence de ses protagonistes : celui-ci peut, par exemple, être de plomb ou prendre l'aspect d'un brouillard. Cela contribue à le représenter comme une véritable barrière physique, à le rendre palpable, oppressant. Le fait que le récit se concentre dans une seule pièce, c'est-à-dire dans un espace confiné, une sorte de huis clos, renforce également la sensation de pesanteur. Garder le silence coûte aux personnages, et particulièrement au vieil oncle qui, reconnaissant en Werner un homme supérieur, est fortement tenté de lui donner la réplique.

L'importance du silence met aussi en relief les sons dans la nouvelle, et notamment la voix sourde et bourdonnante de l'officier, le bruit de ses pas inégaux ainsi que la musique qu'il joue. Loin de se décourager face au mutisme persistant de ses hôtes, Werner von Ebrennac se lance dans de longs monologues. Il a tout le loisir de s'exprimer et d'exposer des idées, sa vision de la guerre, de l'Occupation. L'oncle et la nièce sont en effet obligés de l'écouter, sans avoir la possibilité de lui répondre ou de lui couper la parole.

Une communication gestuelle

Si toute communication linguistique est évitée du côté de l'oncle et de la nièce en présence de l'officier, ceux-ci s'expriment quand même, malgré eux, par leurs gestes et par leurs regards, qu'ils ne peuvent contrôler aussi bien que leurs paroles. Ils nient la présence de l'ennemi et son droit à résider sous leur toit, mais, malgré l'air impassible qu'ils s'efforcent de se donner, leur résistance têtue les plonge dans bon nombre de tourments qu'ils ne parviennent pas à dissimuler complètement.

Cela est particulièrement visible chez la jeune fille. En effet, son oncle remarque qu'en présence du soldat allemand, elle ne peut s'empêcher de montrer des signes de nervosité. Durant les longs monologues de Werner, elle tente d'afficher une attitude froide, hautaine, sévère et insensible, mais ses gestes la trahissent et démentent son calme apparent : elle se concentre sur son ouvrage avec une application têtue, presque exagérée, et elle tire avec excès sur son aiguille, au point de rompre d'un coup son fil au moment où l'officier évoque le sujet de sa fiancée. Souvent saisie de tremblements, elle rougit également quand elle sent les yeux de l'Allemand posés sur elle.

À la fin de la nouvelle, lorsque le silence finit par être rompu, on comprend l'ampleur des sentiments ressentis. Mais les paroles et les regards échangés ne font que confirmer ce que les gestes ont laissé deviner bien plus tôt. C'est là que le titre de l'œuvre, *Le Silence de la mer*, prend tout son sens : de même que la mer, sous son air paisible à la surface, cache dans la profondeur de ses flots un monde sous-marin bien vivant, le mutisme de l'oncle et de la nièce dissimule de nombreuses pensées et émotions qu'ils ne peuvent renier.

UN AMOUR IMPOSSIBLE

Une union entre la France et l'Allemagne

Même s'il se trouve au rang des vainqueurs en 1941, Werner von Ebrennac n'envisage pas une relation de domination de l'Allemagne sur la France. En grand humaniste, il souhaite plutôt un mariage entre les deux pays dont il souligne la complémentarité, sur le plan artistique notamment. Il est persuadé que la France, dans un élan maternel, pourrait guérir l'Allemagne de ses démons intérieurs. Au cours de ses longs monologues, il témoigne en effet à plusieurs reprises de la rudesse du pays allemand :

- il compare l'hiver français, qui lui semble doux, avec de la neige posée en dentelle sur des arbres fins, et l'hiver allemand qui est dur, la neige tombant lourdement sur des forêts serrées ;
- il dit avoir peur des jeunes filles allemandes depuis qu'il a vu sa fiancée arracher une à une les pattes d'un moustique pour se venger d'avoir été piquée au menton ;
- il met en avant le côté « inhumain » de la musique de Bach, qu'il présente comme le reflet du caractère allemand.

Ce n'est donc pas une destruction de la France que veut l'officier, mais bien une union solide entre les peuples, pour que règne la lumière au-dessus de l'Europe. Et s'il déplore qu'une guerre eût été nécessaire pour accomplir cela, il se montre confiant et dit ne rien regretter, car il est persuadé que de grandes choses naîtront de cet épisode noir.

Le conte de *La Belle et la Bête*

Pour mettre une image sur son désir d'union entre les pays, Werner von Ebrennac évoque avec émotion le célèbre conte de *La Belle et la Bête* dans lequel un terrible monstre, la Bête, retient prisonnière dans son château une jeune femme prénommée Belle. Implicitement, il assimile la Bête maladroite, brutale et rustre à l'Allemagne qui a envahi la France et la tient à sa merci, lui imposant sa présence. La France, quant à elle, impuissante et prisonnière, mais fière et digne malgré tout, est mise en lien avec la Belle.

Dans *La Belle et la Bête*, la jeune fille prisonnière finit peu à peu par se rendre compte que son geôlier, qu'elle hait de toutes ses forces, est en réalité un être généreux qui est capable d'aimer et ne demande qu'à s'élever, à se faire aimer en retour. Elle lui tend alors la main, répond aux inlassables attentions dont il l'entoure, et un miracle se produit : la Bête se transforme en un chevalier beau et pur. C'est précisément cette issue que Werner von Ebrennac souhaite donner à la guerre qui déchire la France et l'Allemagne : une union qui porte ses fruits, guérit les Allemands de leur barbarie et permet à chaque pays de s'élever.

Un discours à double sens

Derrière le discours politique de Werner von Ebrennac se cache un véritable message amoureux. L'officier allemand s'identifie en effet lui-même à la Bête – dont il dit comprendre la peine. Il se montre visiblement épris de la nièce du narrateur, qu'il ne cesse de regarder en souriant, et dont le silence incarne la grandeur de la France. Peut-être même peut-on dire que c'est le comportement de la jeune fille qui suscite chez lui de telles émotions. Il est l'image de l'Allemagne, tandis que la nièce est celle de la France, et au-delà d'un mariage entre les deux pays, c'est une union charnelle qu'il cherche à obtenir, avec une infinie patience.

Cet amour n'est pas unilatéral. La nièce semble également séduite par les bonnes manières, la sensibilité et la générosité du soldat allemand, qui dénote par rapport à l'idée qu'elle s'était faite de l'ennemi au départ. En témoignent la nervosité qu'elle affiche, malgré elle, lorsque l'officier pose ses yeux sur elle et l'adieu qu'elle prononce avec émotion à la fin du récit. Toutefois, elle ne cède jamais complètement au puissant sentiment qui s'est emparé d'elle. L'union voulue par Werner ne peut se réaliser, car il s'agit d'un rêve utopique : les intentions de l'Allemagne ne sont pas humanistes, mais guerrières et destructrices.

La fin du récit mise en question

La fin du *Silence de la mer* peut laisser un goût d'amertume. Dans *La Bataille du silence*, une autobiographie publiée en 1967, Vercors affirme lui-même avoir pensé à un autre dénouement pour sa nouvelle. Pendant un moment, il a en effet eu l'idée d'une révolte de Werner von Ebrennac contre l'entreprise criminelle de son pays, ce qui aurait permis aux jeunes gens de vivre leur amour librement. Mais un tel *happy end* aurait été, selon l'écrivain, historiquement faux.

En réalité, il y a bien eu des déserteurs dans les officiers de l'armée allemande. Cependant, une union entre le soldat révolté et la jeune nièce serait entrée en rupture avec la longue tradition littéraire qui veut que les amants de légende ne finissent jamais ensemble. Les personnages, dans la nouvelle, sont épris d'absolu et respectueux de leurs engagements, quoi qu'il leur en coûte. Ainsi, malgré son désespoir, Werner reste fidèle à son devoir envers sa patrie et décide de mourir pour elle : c'est cet homme-là que la jeune fille aime, l'idéaliste et non le déserteur. De plus, un amour irréalisé reste éternellement pur, ce qui marque davantage les esprits qu'une union consommée entre deux jeunes gens dont les pays respectifs restent en guerre.

LA CIRCULATION DES LIVRES EN TEMPS DE GUERRE

En période de guerre et sous les dictatures, on se méfie des intellectuels, des têtes pensantes qui, en exprimant leurs opinions, pourraient nuire au pouvoir en place. Une censure sévère est donc généralement instaurée, ce qui provoque d'importants préjudices dans le secteur de la culture. Dans son élan de désespoir, à la fin du récit, Werner von Ebrennac explique ainsi à ses hôtes que les Allemands qui flattent les écrivains français se livrent en fait à un terrible double jeu : en effet, dans les autres pays qu'ils occupent, comme la Belgique ou la Hollande, ils font barrage et limitent la diffusion des livres les plus représentatifs de la culture française.

En 1933 déjà, en Allemagne, alors qu'Adolf Hitler vient d'être nommé chancelier, une action est lancée contre l'esprit non allemand, ce qui donne lieu à ce qu'on appelle des autodafés. C'est ainsi que le 10 mai 1933, les nazis brûlent sur la place de l'Opéra à Berlin (ainsi que dans d'autres grandes villes universitaires allemandes) environ 20 000 ouvrages considérés comme incompatibles avec le régime en place. Les livres détruits sont collectés dans les bibliothèques et les librairies, majoritairement, et proviennent principalement d'écrivains juifs, marxistes ou pacifistes. Des auteurs comme Karl Marx (1818-1883), Sigmund Freud (1856-1939), Heinrich Mann (1871-1950), Stefan Zweig (1881-1942), mais aussi André Gide (1869-1951), Marcel Proust (1871-1922) ou Ernest Hemingway (1899-1961), par exemple, voient leur travail partir en fumée. Les cérémonies des autodafés, savamment orchestrées, prennent la forme d'un rituel, le feu étant considéré comme un élément purificateur.

De même, durant la Seconde Guerre mondiale, les Allemands dressent dans les pays qu'ils occupent des listes de livres interdits. La liste « Otto », par exemple, est publiée en septembre 1940.

Elle est notamment appliquée dans les librairies, les maisons d'édition et les bibliothèques : de nombreux livres sont ainsi saisis et envoyés au pilon. Cette fois encore, les auteurs qui figurent sur ces listes sont essentiellement juifs, communistes, francs-maçons ou tout simplement opposés au régime nazi. Les livres proscrits ne disparaissent cependant pas tout à fait de la circulation : ils voyagent toujours de main en main, mais sous le manteau cette fois, et en quelques rares exemplaires.

UN APPEL À LA RÉSISTANCE

Le Silence de la mer est un classique des textes de la Résistance. Le but avoué de Vercors, en écrivant cette nouvelle, est de montrer que, malgré la censure, les menaces et les restrictions, l'esprit français n'est pas en danger, que la littérature française dont parle Werner von Ebrennac n'a pas encore complètement cessé de vivre. Il cherche aussi à faire comprendre aux Français que la courtoisie des Allemands au début de la guerre n'est qu'un masque, qu'il ne faut en aucun cas faire confiance à l'Allemagne nazie. La France ne risque pas seulement de perdre son indépendance politique : ce sont sa culture, sa littérature et même son âme qui seront détruites si elle persiste à collaborer avec l'ennemi, si attirant soit-il.

Il est vrai que Werner von Ebrennac propose une vision très séduisante de la collaboration franco-allemande lorsqu'il invite les deux pays à s'unir. Il est lui-même un homme poli, cultivé et généreux dans ses idées. La question de l'attitude à adopter face à l'ennemi se pose explicitement dans la nouvelle à travers le personnage de l'oncle, qui souffre d'offenser par son silence le soldat si courtois qu'est Werner et songe parfois à sortir de son mutisme. Mais on découvre finalement que Werner von Ebrennac est dupe des nazis et des beaux discours qu'ils prononcent pour endormir la France.

L'objectif de Vercors est donc de convaincre les Français, et en particulier les écrivains qui collaborent avec l'ennemi, que, comme l'officier dans le récit, ils sont trompés par la propagande nazie.

Ainsi, face à la barbarie allemande, *Le Silence de la mer* invite à entrer dans la Résistance. Celle-ci peut prendre diverses formes. Les Français peuvent, comme l'oncle et la nièce, garder le silence face à l'ennemi. Le suicide sous-entendu de Werner von Ebrennac constitue également une forme de refus face à la politique nazie. En effet, contrairement à ce que laisse entendre l'oncle dans la nouvelle, l'officier ne se soumet pas : même s'il ne se révolte pas contre les pratiques de son pays, il choisit de mourir avec l'Allemagne de ses rêves, plutôt que de se soumettre à la barbarie. Enfin, le récit évoque implicitement, et sans pour autant qu'elle soit mise en application par les personnages, une dernière forme possible de résistance, qu'est la rébellion active.

STYLE ET ÉCRITURE

UN RÉCIT BREF

Le Silence de la mer présente toutes les caractéristiques principales du genre de la nouvelle, qui a atteint son plein essor au XIXe siècle en France avec des auteurs tels que Prosper Mérimée (1803-1870), Théophile Gauthier (1811-1872) ou Guy de Maupassant (1850-1893).

- Il s'agit d'un récit bref, qui se déploie sur une trentaine de pages. L'intrigue, unique et simple, est centrée sur le séjour d'un officier allemand chez le narrateur, en 1941.
- Le cadre de l'action est également extrêmement limité. Le récit se déroule presque exclusivement dans la maison du narrateur et s'étend sur quelques mois seulement. Cela crée une sorte de huis clos. La vie extérieure n'est guère mentionnée, sauf à l'arrivée de l'officier, dans les monologues de celui-ci et lorsque le narrateur se rend à la Kommandantur.
- L'histoire ne met en scène qu'un nombre très restreint de protagonistes. Il n'y a que trois personnages principaux : Werner von Ebrennac, l'oncle et sa nièce. Les rares personnages secondaires, tels que les amis de l'officier, n'occupent quant à eux que très peu de place dans le récit.
- La psychologie des protagonistes n'est pas approfondie par l'auteur qui préfère laisser deviner leurs sentiments à travers leurs gestes et leurs attitudes. Si l'officier est assez bien décrit physiquement – pour représenter l'Allemagne, il doit être le prototype du physique germanique –, ce n'est pas le cas de l'oncle et de sa nièce pour lesquels Vercors se borne à ne donner que deux

ou trois détails caractéristiques de leur apparence. De même, la bâtisse est décrite à plusieurs reprises, mais en quelques mots seulement, et jamais globalement, de sorte que le lecteur n'a d'elle qu'une idée vague et imprécise.

Durant l'Occupation, les réalités pratiques de l'écriture et de la publication ne favorisent pas la parution d'ouvrages volumineux, surtout dans le camp de la littérature clandestine. Il y a, par exemple, de fortes carences en papier, dont la distribution est contrôlée. Les écrivains, éditeurs, imprimeurs et diffuseurs qui s'impliquent dans la publication clandestine prennent de gros risques. *Le Silence de la mer* est imprimé chez un certain Georges Oudeville, qui travaille seul et qui est spécialisé dans les faire-part, tandis qu'un autre homme de métier, Ernest Aulard, fournit le papier et les caractères. La machine employée ne permet de tirer que huit pages à la fois : il faut donc près de trois mois pour imprimer, entre les faire-part, les 350 exemplaires voulus du livre. La diffusion des volumes, quant à elle, est assurée par quelques bénévoles, qui les transportent dans des valises.

De plus, les formes littéraires brèves contrastent avec la facilité de parole, l'inflation verbale de la propagande. La littérature de la Résistance se veut en opposition avec les doctrines officielles qui préconisent un retour à un réalisme simpliste, mettant en avant les valeurs du travail, de la famille et de la patrie. Face à ce qu'ils considèrent comme une dévalorisation du langage, les écrivains du refus adoptent des formes d'expression resserrées, évitant ainsi toute association avec les longs discours en vogue.

DÉPOUILLEMENT ET SYMBOLISME

Le Silence de la mer est à la fois une œuvre de circonstance et une œuvre d'art. Selon Vercors, les qualités essentielles de la littérature française sont la clarté et la mesure, qui s'opposent à la violence de la parole propagandiste. Lorsqu'il prend la plume, il pèse donc fortement ses mots, produisant un art classique où priment la concision et les formes techniquement maîtrisées, tel que le valorise Paul Valéry (1871-1945) :

> « Le style sec traverse le temps comme une momie incorruptible, cependant que les autres, gonflés de graisse et subornés d'imageries, pourrissent dans leurs bijoux. On retire plus tard quelques diadèmes et quelques bagues, de leurs tombes. » (VALÉRY (Paul), *Œuvres*, tome II, Paris, Gallimard, coll. « Bibliothèque de la Pléiade », 1957-1960, p. 768)

Vercors joue sur les non-dits, sur la retenue, économise les moyens stylistiques tout en rehaussant certains détails, ce qui fait naître chez lui une grande puissance de suggestion. Il écrit dans un style dépouillé qu'on ne peut cependant qualifier de simpliste, car il exige beaucoup de subtilité et de travail. Cette écriture du moindre, qui sème l'ambiguïté, a pour effet de placer le lecteur dans une posture active : elle l'ouvre au silence de la réflexion et l'oblige à faire aller son imagination.

Le Silence de la mer est également une nouvelle riche en symboles et en images poétiques. Ce symbolisme suscite des interprétations multiples chez le lecteur. Ainsi, le titre du récit est particulièrement énigmatique ; on n'en comprend réellement la signification qu'à la fin du texte, lorsque Vercors compare le silence de ses personnages au calme de la surface de la mer, tandis que sous elle grouille une vie sous-marine insoupçonnée.

UN NARRATEUR INTERNE

Le point de vue adopté pour la narration, dans la nouvelle, est celui de l'oncle, qui est l'un des protagonistes de l'histoire. Il s'agit donc d'un narrateur qui s'exprime à la première personne et qui est témoin de ce qu'il raconte. Cette perspective a pour effet de plonger le lecteur directement dans la scène : celui-ci peut palper le silence ambiant, se mettre dans la peau du personnage, ressentir ses émotions et s'interroger avec lui à propos de l'attitude à adopter face à l'Allemand.

Le fait de ne pas avoir de narrateur omniscient permet aussi de laisser planer des incertitudes, des ambiguïtés. L'oncle n'a pas la possibilité de prendre du recul ni de se placer dans la tête des autres personnages pour connaître leurs pensées : il ne peut que tenter de deviner leurs sentiments à travers leurs gestes, leurs attitudes, leurs silences et leurs paroles à double sens. Le lecteur, par conséquent, n'en sait pas plus que lui, et il peut également, en même temps que lui, se livrer à un véritable jeu d'observation.

Enfin, cette absence de vue globale sur le récit crée un certain effet d'attente, notamment lorsque Werner von Ebrennac se rend à Paris. On ne sait pas ce qu'il s'y passe : Vercors ne le raconte pas de façon directe, étant donné que l'oncle ne peut assister à cette scène. Au retour de l'officier, c'est donc l'interrogation : pourquoi un tel changement de comportement de la part du soldat ? Pour satisfaire sa curiosité, le lecteur, tout comme l'oncle et la nièce dans le récit, est contraint d'attendre que Werner von Ebrennac s'explique lui-même.

UNE ÉCRITURE INFLUENCÉE PAR LA TECHNIQUE DU DESSIN

Avant de se lancer dans l'écriture et de connaître le succès littéraire, Vercors se construit d'abord, pendant presque 20 ans, une solide réputation de dessinateur et de graveur. Aussi son écriture est-elle fortement influencée par la technique du dessin.

Il y a, dans *Le Silence de la mer*, un très grand nombre de scènes statiques, qui peuvent être mises en lien avec l'habitude du dessinateur de représenter des attitudes plutôt que des mouvements. La nièce, dès l'arrivée de l'officier, se tient immobile, contre le mur, près de la porte, regardant droit devant elle. On ne perçoit, somme toute, que peu de déplacements chez les personnages, qui se retrouvent toujours dans le même espace confiné. Si on peut imaginer que l'officier, en monologuant, circule dans la pièce, l'oncle et la nièce, eux, sont assis et contraints d'écouter en feignant l'indifférence.

Vercors manifeste une attention marquée pour l'attitude de ses personnages. Il semble avoir une préférence pour les positions inclinées : sans doute s'agit-il d'une habitude liée au réflexe, en dessin, d'éviter la monotonie des lignes verticales. Ainsi, Werner von Ebrennac a naturellement un profil courbé au niveau des épaules, et sa haute taille l'oblige à se pencher parfois. La nièce, en présence de l'officier, présente également une attitude infléchie, tandis qu'elle se montre concentrée sur son ouvrage.

On peut remarquer, dans la nouvelle, des jeux adroits entre l'ombre et la lumière. De même qu'il ne représente que très rarement la source de lumière qui enveloppe ses dessins, Vercors évoque l'éclairage de façon indirecte dans son récit. Pour indiquer le taux de luminosité, il situe l'action un soir de novembre, par exemple, ou encore fait-il allusion à une atmosphère froide et moite. Notons que l'auteur semble montrer un certain goût pour les intérieurs mal éclairés.

Enfin, on ne pénètre jamais vraiment dans l'âme des personnages de la nouvelle. Comme en dessin, Vercors se borne à ne représenter que les signes extérieurs des sentiments internes. Il n'exploite que très peu la faculté que possède l'écriture d'aller au plus profond des choses.

LA VIE RÉELLE COMME SOURCE D'INSPIRATION

Pour écrire *Le Silence de la mer*, Vercors puise son inspiration dans son propre vécu. Le cadre du récit, tout d'abord, est une réplique presque exacte de la demeure de l'écrivain, qui est située à Villiers-sur-Morin.

Comme dans la nouvelle, des Allemands occupent cette bâtisse au commencement de la guerre. Cependant, dans la réalité, ils consentent à évacuer les lieux lorsque la famille Bruller rentre chez elle, en 1940, alors que dans le récit, la nièce et l'oncle sont obligés de côtoyer l'ennemi pendant plusieurs mois.

Vercors s'inspire également de faits réels pour construire ses personnages. Le mutisme de l'oncle et de la nièce, par exemple, émane de sa propre expérience : durant la guerre, l'écrivain ne répond lui-même jamais à un officier allemand qui, après avoir occupé un temps sa maison, le salue toujours avec le sourire lorsqu'il le croise dans la rue. Dans *La Bataille du silence*, Vercors explique que cette situation le fait souffrir : comme l'oncle, il éprouve des remords, car l'homme qu'il a le sentiment d'offenser s'est montré très courtois vis-à-vis de lui, manifestant une profonde sympathie mêlée de respect pour la France. Mais, de même que la nièce, il ne peut envisager de changer son attitude, car lorsqu'il devient une habitude, son refus de saluer manifeste une détermination réfléchie, volontaire : revenir en arrière serait se donner tort et se renier. Enfin, il faut noter que l'obstination de l'officier à saluer Vercors rappelle fortement celle de Werner von Ebrennac, qui ne se décourage pas face au silence de ses hôtes.

Jusque pour les détails, Vercors emprunte à la vie réelle. Ainsi, pour mettre en scène le moment-charnière où Werner von Ebrennac s'aperçoit que l'Allemagne veut, en réalité, la destruction de la France, l'écrivain s'inspire d'une conversation réelle entre deux Allemands, au cours de laquelle il a clairement entendu que l'Allemagne berne la France pour mieux l'anéantir. De même, la fiancée de Werner semble pouvoir être mise en lien avec la nourrice allemande engagée par l'écrivain en 1934. Dans *La Bataille du silence*, toujours, Vercors explique en effet que cette grosse fille, pourtant soigneuse et dévouée, l'a profondément marqué le jour où, afin de punir un moustique, elle lui a cruellement arraché les pattes, les unes après les autres.

LA RÉCEPTION DU
SILENCE DE LA MER

Le Silence de la mer est une œuvre culte qui a assuré la notoriété de Vercors dans le monde. Encore aujourd'hui, elle continue à s'écouler à des milliers d'exemplaires, figurant parmi les incontournables de la littérature française et s'étant fait une place au sein des programmes scolaires. Dans les années quarante, Sartre avait pourtant prédit le contraire, affirmant qu'une cinquantaine d'années après sa parution, la nouvelle, en tant que récit de circonstance, n'intéresserait plus personne, à part peut-être un public mal renseigné qui la lirait comme un conte agréable sur la Seconde Guerre mondiale. Mais le célèbre philosophe s'est trompé.

QUI EST VERCORS ?

Au moment de sa parution, *Le Silence de la mer* suscite le débat. Un important mystère entoure en effet la personnalité de son auteur. Pour des raisons évidentes de sécurité, jusqu'au moment de la Libération, personne ne sait qui se cache derrière le fameux pseudonyme Vercors, mis à part Pierre de Lescure. Même la propre famille de l'écrivain n'est au courant de rien. Par conséquent, chacun se livre à des suppositions : les noms d'André Gide, de Georges Duhamel, de Roger Martin du Gard (1881-1958), de Maurice Bedel (1883-1954) et de Marcel Arland (1899-1986), par exemple, sont cités. Seule Yvonne Paraf, une amie d'enfance de Vercors, active également aux Éditions de Minuit, serait parvenue à percer le secret : elle aurait en effet décelé dans le texte une faute d'orthographe fréquente chez Jean Bruller, sur le mot « dégingandé », écrit avec un « u » fautif après le premier « g ».

ŒUVRE DE RÉSISTANCE OU DE PROPAGANDE ?

La nouvelle elle-même suscite des réactions diamétralement opposées chez un public pourtant confronté à un ennemi commun. Face à l'officier allemand si doux, si humain, si sympathique qu'est Werner von Ebrennac, certains voient une œuvre de propagande écrite par un auteur pro-allemand. D'autres encore se demandent comment des éditions clandestines ont pu donner au livre publié une présentation élégante et soignée, presque luxueuse.

Sur ces deux points, Vercors s'explique : en ce qui concerne le personnage de Werner von Ebrennac, il faut avant tout se référer au contexte dans lequel l'œuvre a été écrite. Au cours de l'été 1941, dans les premiers temps de l'Occupation, les Allemands se conduisent avec correction vis-à-vis de la population française ; par conséquent, il aurait été irréaliste – voire contre-productif – de mettre en scène un personnage barbare. La belle manufacture des livres publiés, quant à elle, doit témoigner, malgré les dangers encourus, de la survie des grandes traditions françaises, du goût des artisans français pour le bel ouvrage.

UNE NOUVELLE QUI TRAVERSE LES FRONTIÈRES

Cependant, malgré ces polémiques, *Le Silence de la mer* rencontre un succès immense. Très vite, la nouvelle se diffuse sous le manteau, dans la France entière, mais également à l'extérieur des frontières de celle-ci. Elle parvient ainsi en Grande-Bretagne, où le général de Gaulle ordonne sa réédition, tandis que Maurice Schumann (1911-1998) lui consacre une chronique élogieuse sur les ondes de Radio Londres. Rapidement traduit en anglais, le récit est également réimprimé aux États-Unis, en Australie, en Algérie, au Sénégal, en Suisse, etc. Dans *La Bataille du silence*, Vercors affirme même avoir découvert dans son jardin un exemplaire de son œuvre, parachuté par la Royal Air Force sous forme de minuscule brochure.

LA TRANSPOSITION À L'ÉCRAN

À la fin de la guerre, la désormais célèbre nouvelle fait l'objet de différentes adaptations cinématographiques. En 1947 déjà, Jean-Pierre Melville (1917-1973) réalise ainsi un film également intitulé *Le Silence de la mer*, qui ne sort que deux ans plus tard, après avoir été soumis au préalable à un jury de résistants. À cette occasion, le personnage de Werner von Ebrennac est incarné par Howard Vernon (1914-1996), tandis que Nicole Stephane (1923-2007) joue le rôle de la nièce, et Jean-Marie Robain (1913-2004) celui de l'oncle. Melville reste globalement très fidèle par rapport au texte de Vercors, tout en se permettant quelques inversions narratives. La scène de la permission à Paris est plus élaborée dans le film que dans le livre : le réalisateur met en scène la conversation au cours de laquelle Werner apprend que la collaboration n'est qu'un prétexte pour détruire la France. Il se permet aussi d'évoquer l'existence des camps de concentration, alors que Vercors, de son côté, n'en parle pas dans sa nouvelle. Enfin, chez Melville, avant le départ de l'officier, l'oncle laisse traîner à la vue de celui-ci une coupure de presse d'Anatole France (1844-1924) qui dit qu'« il est beau qu'un soldat désobéisse à des ordres criminels ».

Plus récemment, en 2004, un autre réalisateur, Pierre Boutron (né en 1947), réalise à son tour un téléfilm franco-belge à partir du *Silence de la mer*. Il s'agit en réalité d'une adaptation conjointe de deux nouvelles de Vercors, à savoir *Le Silence de la mer* et *Ce jour-là*. Cette fois, Thomas Jouannet (né en 1970) endosse le rôle de l'officier allemand, tandis que les propriétaires de la maison occupée (l'oncle et la nièce deviennent le grand-père et sa petite-fille) sont incarnés par Julie Delarme (née en 1978) et Michel Galabru (1922-2016). Dans son adaptation, Boutron prend le parti de plonger le spectateur dans le quotidien de la France occupée : de nombreuses scènes sont donc tournées à l'extérieur, ce qui réduit considérablement le sentiment d'étouffement ressenti à la lecture de la nouvelle. Il rajoute également plusieurs épisodes de son cru aux récits de Vercors (par exemple la veillée de Noël), mais en prenant toujours soin d'en conserver les lignes directrices.

Votre avis nous intéresse !

Laissez un commentaire sur le site de votre librairie en ligne et partagez vos coups de cœur sur les réseaux sociaux !

BIBLIOGRAPHIE

SOURCES BIBLIOGRAPHIQUES

- BOTS (Wim), « Vercors et l'effet de sourdine », in *Vercors et son œuvre*, Paris, L'Harmattan, 1999, p. 53-60.
- CALIN (Françoise), « Au-delà du circonstanciel : une relecture du *Silence de la mer* », in *Vercors et son œuvre*, Paris, L'Harmattan, 1999, p. 367-378.
- COUTANT-DEFER (Dominique), *Le Silence de la mer de Vercors*, Bruxelles, Lemaitre Publishing, coll. « Le Petit Littéraire.fr », 2014.
- DENIZEAU (Gérard), « Vercors, dessinateur et graveur », in *Vercors et son œuvre*, Paris, L'Harmattan, 1999, p. 13-21.
- EDGE (Frances), « *Le Silence de la mer*, le rôle clé de l'imagination », in *Vercors et son œuvre*, Paris, L'Harmattan, 1999, p. 139-145.
- « Éditions de Minuit », in *Larousse.fr*, consulté le 30 octobre 2015. http://www.larousse.fr/encyclopedie/divers/%C3%89ditions_de_Minuit/133333
- ENGEL (Vincent), « Il ne reste que le silence : parole, silence et écriture dans le recueil de Vercors, *Le Silence de la mer* », in *Vercors et son œuvre*, Paris, L'Harmattan, 1999, p. 279-294.
- « Gouvernement de Vichy », in *Larousse.fr*, consulté le 22 octobre 2015. http://www.larousse.fr/encyclopedie/divers/gouvernement_de_Vichy/148768
- « Historique des Éditions de Minuit », in *Leseditionsdeminuit.fr*, consulté le 30 octobre 2015. http://www.leseditionsdeminuit.com/f/index.php?sp=page&c=7
- « Jean Bruller, dit Vercors », in *Larousse.fr*, consulté le 14 octobre 2015. http://www.larousse.fr/encyclopedie/litterature/Vercors/177751

- Konstantinović (Radivoje D.), *Vercors écrivain et dessinateur*, Paris, Librairie C. Klincksieck, 1969.
- « La Résistance », in *Larousse.fr*, consulté le 22 octobre 2015. http://www.larousse.fr/encyclopedie/divers/la_R%C3%A9sistance/138691
- « L'Occupation », in *Larousse.fr*, consulté le 22 octobre 2015. http://www.larousse.fr/encyclopedie/divers/l_Occupation/74336
- « Paul Roux, dit Saint-Pol-Roux », in *Larousse.fr*, consulté le 10 novembre 2015. http://www.larousse.fr/encyclopedie/litterature/Saint-Pol-Roux/176756
- Pickering (Robert), « "Mesurer le silence" : l'écriture du moindre dans les récits de Vercors », in *Vercors et son œuvre*, Paris, L'Harmattan, 1999, p. 61-71.
- Sapiro (Gisèle), « La raison littéraire. Le champ littéraire français sous l'Occupation (1940-1944) », in *Actes de la recherche en sciences sociales*, mars 1996, vol. 111-112, p. 3-35.
- Tolansky (Ethel), « L'ambiguïté dans *Le Silence de la mer* », in *Vercors et son œuvre*, Paris, L'Harmattan, 1999, p. 357-366.
- Valéry (Paul), *Œuvres*, tome 2, Paris, Gallimard, coll. « Bibliothèque de la Pléiade », 1957-1960.
- Vercors, *La Bataille du silence*, Paris, Les Éditions de Minuit, 1992.
- Vercors, *Le Silence de la mer*, Paris, Le Livre de Poche, 1994.

ADAPTATIONS

- *Le Silence de la mer*, film de Jean-Pierre Melville, avec Howard Vernon, Nicole Stephane et Jean-Marie Robain, France, 1949.
- *Le Silence de la mer*, téléfilm de Pierre Boutron, avec Thomas Jouannet, Julie Delarme et Michel Galabru, France/Belgique, 2004.

Découvrez
nos autres analyses sur
www.profil-litteraire.fr

Profil Littéraire

L'éditeur veille à la fiabilité des informations publiées, lesquelles ne pourraient toutefois engager sa responsabilité.

© Profil-Litteraire.fr, 2016. Tous droits réservés.
Pas de reproduction sans autorisation préalable.
Profil-Litteraire.fr est une marque déposée.
www.profil-litteraire.fr

Éditeur responsable : Lemaitre Publishing
Avenue de la Couronne 382 | B-1050 Bruxelles
info@lemaitre-editions.com

ISBN ebook : 978-2-8062-6601-9
ISBN papier : 978-2-8062-7709-1
Dépôt légal : D/2016/12603/113

Printed in Great Britain
by Amazon